Löwenzahn und Pusteblume

Werkstatt für das Lesen- und Schreibenlernen

Leselernbuch

Texte durch das Jahr

Schroedel

Blätter

Blätter fallen sacht ins Gras,
rascheln leise, hört ihr das?
Rascheln leise,
rascheln leise.

Ludwig Voges

Mo
Mi
Uhu
Lotta
Filo

Laterne

 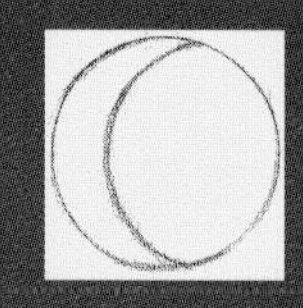 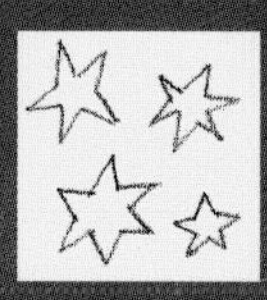

Sonne, Mond und Sterne,

Licht in der Laterne.

Sankt Martin

Martin hilft
dem armen Mann.
Martin teilt
seinen Mantel.

Nikolaus

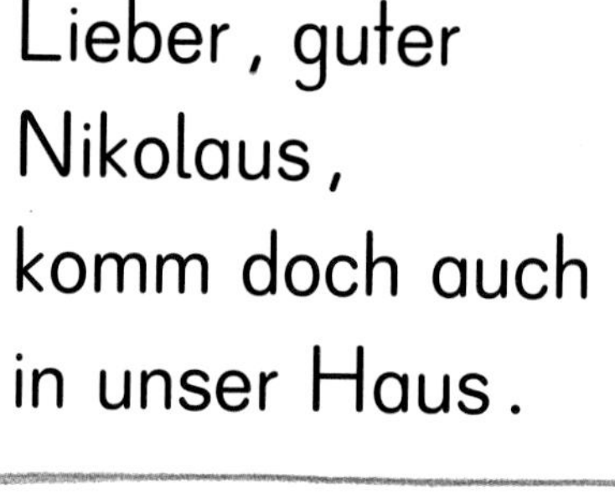

Lieber, guter
Nikolaus,
komm doch auch
in unser Haus.

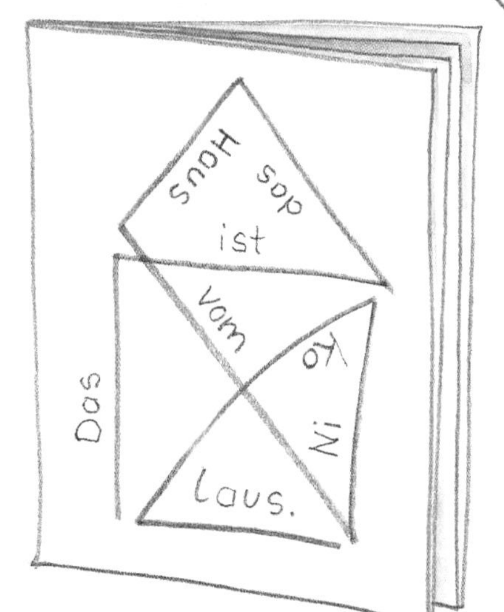

Nikolaustag

Der Nikolaus geht um das Haus,
er will uns heut besuchen.
Er kommt weit her,
sein Sack ist schwer,
ganz schwer von Pfefferkuchen.

Erna Fritzke

Ein  **an den** 

 schreibt einen 

an den  .

 steckt den 

in den  .

 stellt den 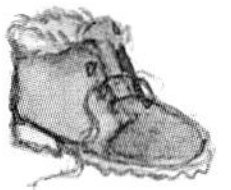

mit dem  ans  .

Dann geht  ins  .

schläft ein

und träumt vom  .

In der Nacht

In der Nacht
fährt ein Schlitten
durch den Wald.

Am Morgen

„Was ist das?"

„Wo kommt das her?"

„Was ist drin?"

Am anderen Morgen
finden Mi und Mo einen Sack.
Sie wundern sich.

Die Hirten wollen das Kind sehen.

Maria hat das Kind im Arm.

Schnee und Eis untersuchen

Am Dach hängen Eiszapfen. Wie kommt denn das?

Es hat gefroren. Ich schaue durch eine Eisplatte.

Was passiert mit dem Schnee?

Eine Schneeflocke ist auf meinem Arm gelandet. Ich sehe durch die Lupe.

In der Winternacht

Eine Mitmach-Geschichte

1

Es ist dunkel.
Leise rauscht der Wind.

2

Ein Wolf kommt ans Haus.
Hu!

3

Wir schauen aus dem Fenster.
Es kommen immer mehr.

4

Wir haben Angst.
Wir schlottern.

5

1, 2, 3,
wir machen Krach!

6

Hui!
Da rennen alle weg.

7

Wir horchen.
Leise rauscht der Wind.

Der Winter ist da!

„Der Winter ist da!"
„Prima!"

Mi und Mo
rollen und rollen.

Mi muss Mo helfen.

Papa muss
Mi und Mo helfen.

Wer wird denn das?

„Toll!"

Komm, wir rodeln!

Hui!
Mama rodelt mit Mo.

Hoppla!

Wo ist Mo?

„Mama,
hilf mir mal!"

„Du armes Kind!"
Mama holt Mo.

„Komm, wir rodeln!"

Ball der Tiere

Am Rosenmontag zum Maskenball
kommen die Tiere von überall:

Die  kommt als Laus,

die  als Löwe,

der  als Möwe,

die  als Ziege,

die  als Fliege,

die  als Schwan,

der  als Hahn,

der  als Affe,

der  als Giraffe,

die  als Maus.

Und wie kommt die Maus?

Bumdidi

Bumdidi,
bumdidi,
bumdidi,
bum.

So geht der Elefant herum.

Bumdidi,
bumdidi,
bumdidi,
bum.

Ein Glöcklein an drei Beinen,
kein Glöcklein an dem einen.

Bumdidi,
bumdidi,
bumdidi,
bum.

Josef Guggenmos

Eine Rassel an drei Beinen,
keine Rassel an dem einen.
Wie klingt denn das?

Neues Leben aus dem Ei

Die Henne brütet ihre Eier aus.
In jedem Ei wächst ein Küken.

Nach 21 Tagen pickt das Küken
von innen ein Loch in die Schale.
Es pickt viele Stunden.

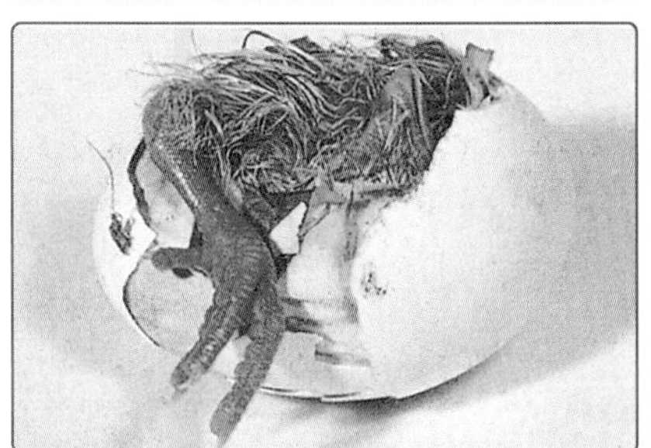

Endlich bricht die Schale auf.
Das Küken schlüpft.
Zuerst ist es noch nass und müde.

Bald ist das Küken trocken.
Es verlässt das Nest
und läuft seiner Mutter nach.

Dies Haus
hat keine Ecken.
Ist was Gutes drin,
lass es dir schmecken.
Steigt heraus
ein Kikeriki,
hast du Musik um vier
in der Früh.
Josef Guggenmos
Wie viele er
sind versteckt?
ns, zw, dr,
wo finde ich n?
Auf der Lter liegt ns,
in dem mer liegt kns.
Am Tch liegen zw,
hinter dem Baum find' ich dr
und nen Osterhasen
dab.
Ein Ding, ganz klein,
kann rollen allein.
Aufmachen kann's einer,
schließen kann's keiner.
Aus Portugal
Ist so klein wie eine Maus,
füllt doch die ganze Stube aus.

Frühling

Die scheint warm.

Im blühen rote ,

gelbe und lila .

Die bekommen schon

kleine , grüne .

In einem bauen

ein .

Amseln

Anna steht am Fenster
Und das sieht sie:

Amsel mit Ästchen im Schnabel
Amsel mit Grashalm im Schnabel
Amsel mit Blatt im Schnabel
Amsel mit Haaren im Schnabel
Amsel mit Wolle im Schnabel
Amsel mit Feder im Schnabel
Amsel mit Moos im Schnabel

Drei Wochen später:

Amsel mit Raupe im Schnabel
Amsel mit Fliege im Schnabel
Amsel mit Spinne im Schnabel
Amsel mit Regenwurm im Schnabel

Unter einem Busch
findet Anna
eine leere Eierschale.

Muttertag

Englisch:	Mother	*Schwedisch:*	Mor	
Französisch:	Mère	*Polnisch:*	Matka	
Spanisch:	Madre	*Bulgarisch:*	майка	(Mayka)
Italienisch:	Madre	*Russisch:*	мать	(Matj)
Portugiesisch:	Mãe	*Indisch:*	माता	(Matar)
Holländisch:	Moeder	*Chinesisch:*	母亲	(Mou)

Alle Tage ...

Alle Tage, immer wieder
muss ich an dich denken;
was ich denke, schreib ich nieder,
um es dir zu schenken.

Frantz Wittkamp

Geschenke

Ich schreibe ein Gedicht auf.
Ich lege Gutscheine in den Brief.
Meine Karte bekommt Oma.
Blau ist Mamas Lieblingsfarbe.
Liebe Mama!
GUTSCHEINE

Das ist ein Brief für dich.

Aber Muttertag ist doch erst am Sonntag.
FÜR MAMA

Auf und ab

Mi wollte mit Opa wippen.
„Gut", sagte Opa.
„Du setzt dich
auf die eine Seite der Wippe
und ich setze mich
auf die andere Seite."

Da war Mi ganz oben,
und Opa war ganz unten.
„Los, wipp los!", rief Mi.
Aber die Wippe konnte nicht wippen.

Mi war so *leicht*
und Opa war so **schwer**.

Nun kletterte Mo auf die Wippe
und setzte sich hinter Mi.
„Los, wipp los!", riefen Mi und Mo.
Aber die Wippe konnte nicht wippen.

Mi und Mo waren zu *leicht*
und Opa war zu **schwer**.

Auch als Tip und Tap hinzukamen,
ging es nicht.

Zusammen waren sie noch zu *leicht*
und Opa war immer noch zu **schwer**.

Da nahm Lotta Anlauf.
Hopp, landete sie auf der Wippe.

Jetzt konnte die Wippe endlich wippen:
auf und ab
und auf und ab ...

Löwenzahn

Löwenzahn, Löwenzahn,
zünde deine Lichtlein an!
Lichtlein hell und Lichtlein weiß,
Lichtlein auf der Wiese!

Pust' ich alle Lichtlein aus;
dunkel wird's im Wiesenhaus.
Tausend Fünklein fliegen fort,
blühn an einem andern Ort:

Nächstes Jahr hebt's wieder an!

Kurt Kölsch

Pusteblume

Der Same fliegt und fliegt und fliegt und fliegt.

Der Wind trägt ihn über eine Weide mit Kühen.

Aber er fliegt noch weiter.

Der Wind weht den Samen über einen Schulhof.

Aber er fliegt noch weiter.

Doch dann landet der Same auf einem Weg zwischen harten Steinen.

Ob hier
aus dem Samen
eine neue Pflanze
wachsen kann?

Die Schnecke

1

Die Schnecke scheidet
Schleim aus. Darauf
bewegt sie sich vorwärts.

2

Durch eine Glasscheibe
kannst du die Wellen der
Bewegung beobachten.

3

Auf dem Schleim
kann die Schnecke sogar
über Spitzen kriechen.

4

Der Schleim schützt
die Schnecke
auch vor Feinden.

Vorsicht !

Am Morgen hat es geregnet.
Die Erde ist noch feucht.

Am Wegrand entdecken Julia und Christian
eine große Schnecke.
Sie kriecht ganz langsam.

Christian zeigt mit dem Finger
auf die Fühler.
Sofort zieht die Schnecke die Fühler ein.

„Vorsicht!", sagt Julia.
„Nicht in ihre Augen fassen!"

„Wieso Augen?", fragt Christian.

„Ja", erklärt Julia,
„die Augen der Schnecke sitzen
auf den beiden längeren Fühlern."

Das leise Gedicht

Wer mäuschenstill am Bache sitzt,
kann hören, wie ein Fischlein flitzt.

Wer mäuschenstill im Grase liegt,
kann hören, wie ein Falter ______ .

Wer mäuschenstill im Bette lauscht,
kann hören, wie der Regen ______ .

Wer mäuschenstill ist und nicht brummt,
kann hören, wie die Biene ______ .

Wer mäuschenstill im Walde steht,
kann hören, wie ein Rehlein ______ .

Wer mäuschenstill ist und nicht stört,
kann hören, was man sonst nicht ______ .

rauscht

geht

fliegt

hört

summt

Alfred Könner

Gewitter

zickzack

zickzack

zickzack

schreibt der Blitz
an den Himmel

weiß auf schwarzes Fell

und jetzt
rumpelt der Donner

rumpelt

und der Regen
schießt dazwischen
wie aus tausend
Feuerwehrspritzen

sch - sch - sch

zickzack

tromm
tromm

Joseph Lichius

Freunde

Freunde
helfen
einander.

ICH HAB DICH LIEB

Freunde
machen
einander
eine Freude.

Freunde
haben
manchmal
Streit.

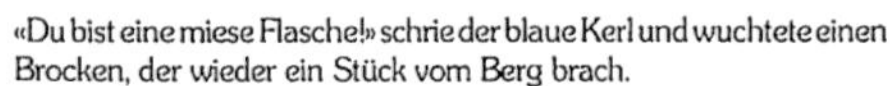
«Du bist eine miese Flasche!» schrie der blaue Kerl und wuchtete einen Brocken, der wieder ein Stück vom Berg brach.

«Und du bist ein O-beiniger, labbriger Cornflake!» brüllte der rote Kerl. Dieses Mal kickte er einen riesigen Felsbrocken.

Freunde träumen
manchmal
voneinander.

Freunde
können
sehr
verschieden
sein.

Freunde werden,
wie geht
denn das?

Frühstück in aller Welt

Lea und Murat suchen
nach einem Rezept
für das Frühstück
in der Klasse.

Li wohnt in Japan.
Zum Frühstück
isst sie Reis
und eine Suppe,
die Misoshiro heißt.

„Suppe und Reis
zum Frühstück?“,
wundert sich Murat.

Robert lebt in England.
Er isst zum Frühstück
Spiegeleier mit
kleinen Würstchen
und Tomaten.

„Würstchen essen wir
nur mittags“,
meint Lea.

Jule wohnt in Schweden.
Sie isst gern
Knäckebrot mit Käse
zum Frühstück.

„Knäckebrot und Käse,
das nehmen wir!“

Zwei Kinder

groß

klein

dünn

dick

....

....

Zwei Kinder auf der Straße
aßen Himbeereis,
ein Kind war [braun],
das andere war [weiß].

Du, sagte das eine
und aß von seinem Eis,
warum bist du [braun],
warum bist du nicht [weiß]?

Du, sagte das andere,
aß auch von seinem Eis,
warum bist du nicht [braun],
warum bist du [weiß]?

Da lachten alle beide
und aßen Himbeereis,
ein Kind war [braun],
das andere war [weiß].

Gerlinde Schneider

Der siebte Tag

Max geht gern in die Schule.
Am liebsten ginge er jeden Tag in die Schule.
Aber heute ist Sonntag.
Da kann er nicht zur Schule gehen.
„Wer hat nur diese Sonntage gemacht?"

Mutter will es Max erklären.
Sie holt die Bibel und liest vor:
„Gott vollendete am siebten Tag
sein Werk, das er vollbracht hatte,
und ruhte am siebten Tag
von all seinem Werke,
das er vollbracht hatte.
Und Gott segnete den siebten Tag
und heiligte ihn."

Am Sonntag

Am Morgen ...

schlafen Mama und Papa lange.	frühstücke ich mit Mama im Bett.	geht Papa mit mir schwimmen.	gehe ich in die Kirche.	....

Am Nachmittag ...

besuchen wir Oma und Opa.	unternimmt Papa mit mir etwas.	....	langweile ich mich.	darf ich lange fernsehen.

Am Abend ...

....	bekomme ich etwas vorgelesen.	gibt es manchmal Streit.	packe ich meine Schulsachen ein.	gehe ich früh ins Bett.

Groß und klein

Die Fliege sagt:
„Die Biene ist groß."

Die Biene sagt:
„Die Hornisse ist groß."

Die Hornisse sagt:
„Der Frosch ist groß."

Der Frosch sagt:
„Der Hund ist groß."

Der Hund sagt:
„Die Kuh ist groß."

Die Kuh sagt:
„Der Elefant ist groß."

Der Elefant sagt:
„Die Ameise ist groß",
und kichert,
wie nur Elefanten
kichern können.

„Wie? Wieso?
Was sagst du da!",
rufen die Fliege und die Biene
und die Hornisse und der Frosch
und der Hund und die Kuh.

„Doch, doch", sagt der Elefant
und kichert wieder,
wie nur Elefanten kichern können:
„Die Ameise ist groß,
denn der Floh ist noch kleiner."

Hans Manz

Marc Chagall: Das Zirkuspferd

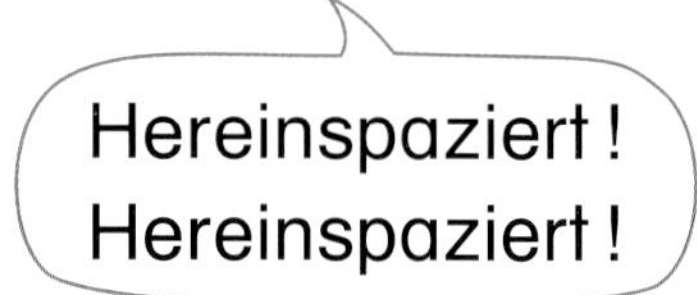

Willkommen im Zirkus!

„Das muss man
gesehen haben:

- Akrobaten,
- Tiere,
- die Ballerina
  auf dem Zirkuspferd,
- den dummen August,
- Musikanten
- und noch viel mehr!

Hereinspaziert!
Hereinspaziert!"

Ich bin allein ...

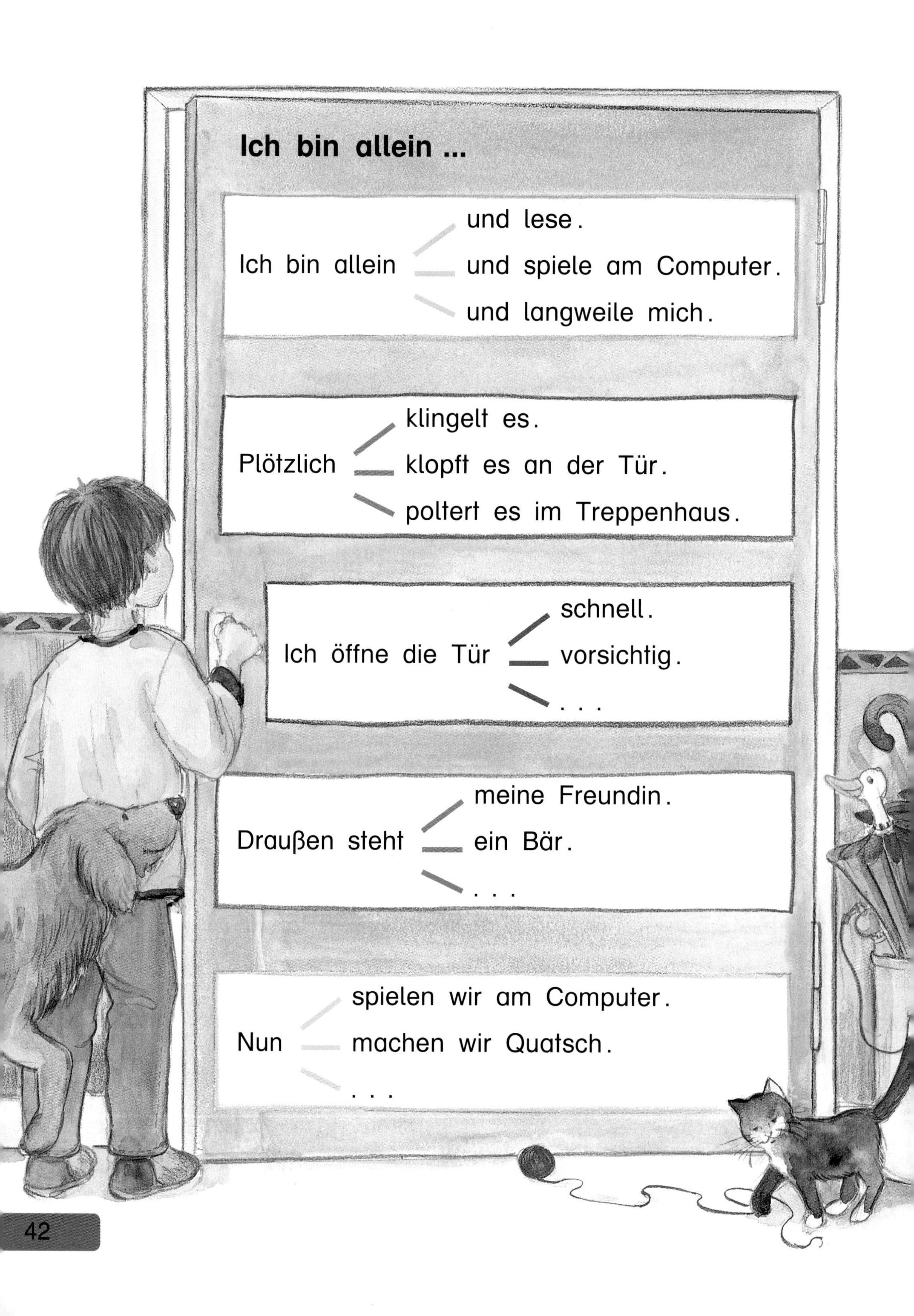

Ich bin allein — und lese.
Ich bin allein — und spiele am Computer.
Ich bin allein — und langweile mich.

Plötzlich — klingelt es.
Plötzlich — klopft es an der Tür.
Plötzlich — poltert es im Treppenhaus.

Ich öffne die Tür — schnell.
Ich öffne die Tür — vorsichtig.
Ich öffne die Tür — . . .

Draußen steht — meine Freundin.
Draußen steht — ein Bär.
Draußen steht — . . .

Nun — spielen wir am Computer.
Nun — machen wir Quatsch.
Nun — . . .

Sat-sechs

Franz kann zu Hause nur drei Fernsehprogramme sehen.
Wenn die anderen Kinder von ihren Lieblingsserien erzählen,
kann Franz oft nicht mitreden.

Der Franz wollte nicht schon wieder sagen,
dass er diese Serie zu Hause nicht sehen kann.
So sagte er:
„Ich hab was anderes angeschaut."
(In Wirklichkeit hatte er mit Mama
Fang-den-Hut gespielt.)
„Und zwar?", fragte der Alexander.
„Eine andere Serie", sagte der Franz.
„Und zwar?", fragte die Martina.
„Eine ... von einem Astronauten ...
von einem anderen Planeten ...
der landet bei uns ...
und sein Raumschiff geht dabei kaputt",
sagte der Franz.

„Auf welchem Sender?", fragte der Max.
„Sat-sechs!", sagte der Franz ......

Die anderen Kinder glaubten Franz nicht.

Da schwindelte Franz einfach weiter:
Von dem Astronauten,
der auf der Erde gelandet ist
und fast verhungert wäre,
wenn nicht die Kinder ...

Christine Nöstlinger

Die Erdkugel

Das ist unsere Erde.
Astronauten haben sie
vom Mond aus
fotografiert.

Früher stellten sich
die Menschen
die Erde
als Scheibe vor.
Wenn Seeleute
mit ihren Schiffen
weit aufs Meer
hinausfuhren,
hatten sie Angst,
sie könnten
von der Scheibe
herunterfallen.

Raumstation im All

In der Raumstation
arbeiten Forscher
aus vielen Ländern.
Sie erforschen die Erde
und das Weltall.

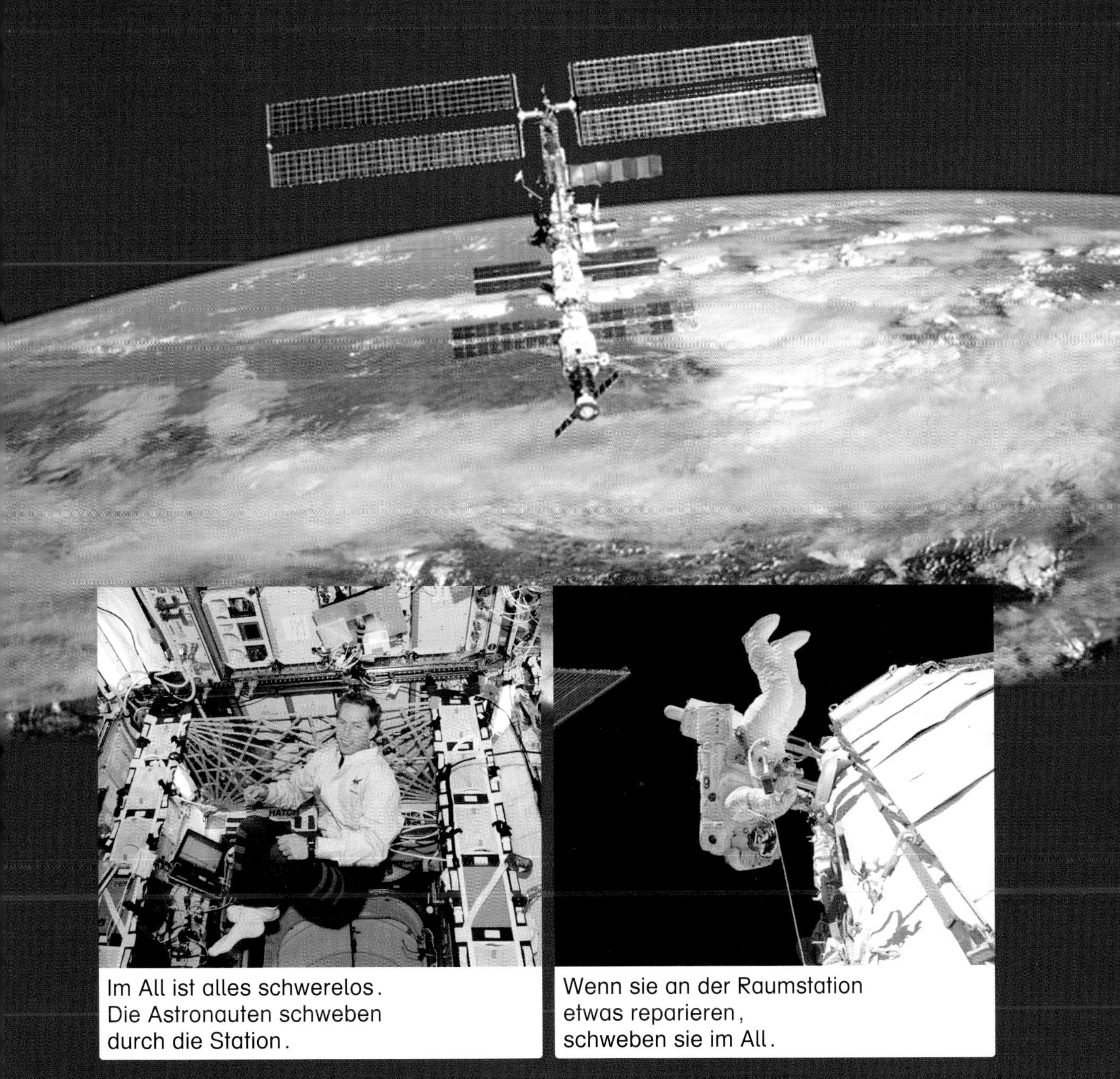

Im All ist alles schwerelos.
Die Astronauten schweben
durch die Station.

Wenn sie an der Raumstation
etwas reparieren,
schweben sie im All.

Die Bremer Stadtmusikanten

Ein alter Esel hatte keine Kraft mehr .
Sein Herr wollte ihn darum
nicht mehr haben .
Da lief der Esel fort .
Er wollte Musikant in Bremen werden .

Unterwegs traf er einen alten Hund .
Der lag am Weg und jappte .
„Warum jappst du so , Hund ?"
„Ach, mein Herr hat mich geschlagen .
Da bin ich weggelaufen !"
„Komm doch mit mir nach Bremen !
Wir werden dort Musikanten !"
Der Hund ging mit .

Bald trafen sie eine alte Katze .
Die machte ein trauriges Gesicht .
„Was ist mit dir los , Katze ?"
„Ach , ich weiß nicht , wo ich hin soll .
Niemand will mich haben !"
„Komm doch mit uns nach Bremen !
Wir werden dort Musikanten !"
Die Katze ging mit .

Bald trafen sie einen alten Hahn .
Der krähte laut auf einem Tor .
„Warum schreist du denn so , Hahn ?"
„Ach , morgen soll ich geschlachtet werden .
Darum schreie ich , so lang ich noch kann ."
„Komm doch mit uns nach Bremen !
Wir werden dort Musikanten !"
Der Hahn ging mit .

Am Abend kamen die vier Tiere
müde und hungrig in einen Wald .
„Da hinten sehe ich Licht .
Das ist ein Haus !"
„Vielleicht können wir da übernachten ."
„Vielleicht gibt es da auch etwas zu essen ."

Der Esel schaute ins Fenster .
„Ich sehe Räuber am Tisch ,
mit schönem Essen und Trinken ."
„Das wäre was für uns !"
„Wir müssen die Räuber verjagen ."
„Aber wie ?"

„Wir machen hier unsere Musik ."
„Ja , ganz laut !"
„Eins , zwei , drei !"
Der Esel schrie , der Hund bellte ,
die Katze miaute und der Hahn krähte.

Und sie stürzten
durch das Fenster
ins Haus hinein .

„Hilfe , ein Gespenst !"
Die Räuber rannten in größter Furcht
in den Wald .

Die vier Tiere setzten sich
an den Tisch und aßen ,
als wenn sie vier Wochen hungern sollten .

Nach Bremen sind sie nicht mehr gegangen .

Löwenzahn und Pusteblume

Werkstatt für das Lesen- und Schreibenlernen

Leselernbuch Texte durch das Jahr
Jahreszeitliche Texte - weiterführendes Lesen

Von Jens Hinnrichs
und Angela Berkenhoff, Petra Dalldorf, Angelika Rettinger,
Ursula Schwarz, Brigitte Stöcker

Mit Bildern von Frauke Bahr, Angelika Çıtak, Reinhard Michl, Miriam Monnier, Felix Scheinberger

Inhaltsübersicht

ISBN 3-507-40731-0

Druck 5 4 3 2 1 / Jahr 08 07 06 05 04

Alle Drucke der Serie A sind im Unterricht parallel
verwendbar, da bis auf die Behebung von Druckfehlern
untereinander unverändert.
Die letzte Zahl bezeichnet das Jahr dieses Druckes.

Layout: Ute Kreinacke - Umschlaggestaltung: Mann und Maus, Hannover
Satz + Repro: Rohrßen, Hannover
Druck: Universitätsdruckerei H. Stürtz AG, Würzburg